ÉLOGE DE SCHŒPFLIN.

(Discours lu dans la séance du 1er mai, à la Société des sciences, agriculture et arts du Bas-Rhin.

MESSIEURS,

Je remplis un devoir, ou plutôt je cède à l'impulsion d'une pieuse reconnaissance, en consacrant quelques pages à Schœpflin, au savant et laborieux antiquaire, qui, le premier, a recueilli systématiquement les trésors de nos chartes, et les notices historiques et géographiques qui peuvent intéresser les habitants de la belle vallée du Rhin depuis Bâle jusqu'aux confins du Palatinat et de la Hesse.

Je n'ai jamais feuilleté « l'Alsace diplomatique », ou « l'Alsace illustrée », sans éprouver un vif sentiment de gratitude pour la mémoire de ce Bénédictin laïque, dont l'infatigable labeur a déblayé la route, que tous ceux qui s'occupent depuis quatre-vingts ans de l'histoire et des antiquités de notre province ont pu suivre, dès-lors, sans fatigue et sans ennui. Quoique la carrière de Schœpflin présente peu ou point d'incidents dramatiques, j'ai pensé cependant que vous prêteriez, sans répugnance, quelques instants d'attention à un récit, destiné à faire passer rapidement sous vos yeux une de nos plus chères illustrations. Tout en empruntant des dates ou des faits matériels aux biographes de Schœpflin, je suis sûr de ne point les avoir copiés ; le point de vue, sous lequel se présente un homme distingué, change à mesure que les années s'interposent entre son image et ceux qui la contemplent.

Schœpflin a eu le rare bonheur de voir le jour à une époque favorable aux travaux érudits et de longue haleine. Sa première enfance coïncide avec la fin du xvii siècle ; sa jeunesse, son âge mûr, sa vieillesse s'écoulent, sans que la guerre, sans qu'un bouleversement européen soient venus troubler la quiétude de son esprit ou ravager son pays d'adoption. Il a pu s'adonner tout entier à ses études, favorisé d'ailleurs par un concours de circonstances heureuses, dont j'essaierai de faire ressortir l'influence sur son développement intellectuel. Mais, si le ciel lui était doux et propice, il ne s'est pas non plus endormi dans la mollesse ; les séductions d'un long état de paix et de calme n'ont point eu prise sur son caractère fortement trempé, et sa volonté s'est dérobée aux charmes que la vie de famille aurait pu exercer sur un esprit honnête comme le sien ; il a fait de la science sa religion et son culte ; il a cherché dans le travail les jouissances que d'autres trouvent dans le monde sensuel, et pourquoi le nier, il ne vivait point en temps de république, il ambitionnait un peu la faveur des princes et des rois, les émotions de la vie littéraire, la gloire de l'orateur académique.

Jean-Daniel Schœpflin est né le 24 septembre 1694 à Sultzbourg, petite ville du margraviat de Bade-Durlach. Je suis porté à croire cependant que sa famille était originaire de Strasbourg ; on trouve du moins au sein des membres du grand-conseil, en 1367, le nom d'un Berthold Schœpflin, et, en 1395, celui de Wernher Schœpflin, administrateur du grand-hôpital.

Son père était un employé du margrave Frédéric-Magnus, contemporain du margrave Louis-Guillaume de Bade, qui a fondé Rastatt et conquis un nom européen dans les guerres contre les Turcs. A défaut d'un vaste horizon politique, l'existence dans une de ces petites principautés, dont les souverains s'adonnaient soit aux beaux-arts, soit au noble métier de la guerre et souvent à des passions moins nobles, n'était pas sans charmes ; un reflet des splendeurs de Versailles ou de Vienne arrivait aux pieds de la Forêt-Noire, et une éducation littéraire et libérale était l'apanage de l'enfant d'un fonctionnaire, qui approchait de ces princes, et qui devait vouloir que son fils pût jouir à son tour de cette existence privilégiée. Presque au sortir de l'enfance, Schœpflin suivit les cours académiques à Bâle; en 1710, il vint à Strasbourg, où il entra comme précepteur dans la maison d'un professeur de belles-lettres, qui se trouvait être, par hasard, le beau-frère du comte autrichien de Bartenstein. Ainsi, à peine âgé de 17 ans, le jeune savant précoce eut, comme on dit vulgairement, le pied dans l'étrier; il se fit accepter, aimer dans sa nouvelle famille, sans perdre de vue ses propres études. Il débuta par quelques dissertations latines; c'était à cette époque la seule manière de se faire connaître dans le monde savant; il n'y avait alors ni journaux, ni revues: la poésie allemande était à naître; et quant à faire usage de la langue française, le jeune Badois n'y pouvait songer; il en était encore à l'étude des principes de la langue. Mais, dans le choix de ses premières thèses académiques, le jeune homme fait déjà preuve de tact, de bon goût, et, permettez-moi d'ajouter, de calcul et d'adresse. Il limite son horizon; il ne va point, de prime-abord, construire une histoire universelle ou un nouveau système de philosophie; il écrit quelques modestes monographies; il en consacre une à la mémoire d'un théologien de Strasbourg (Barth); une autre au souvenir de son bienfaiteur *Kuhn*, dont il allait recueillir la chaire (en 1720); il compose un panégyrique sur Germanicus; il établit, dans une thèse lucide, l'origine, la généalogie, les faits et gestes des rois de Navarre, et acquiert par ce travail érudit des droits à la protection du puissant gouvernement, qui avait recueilli l'héritage et le nom de ces roitelets pyrénaïques; enfin, il prélude aux grands travaux, qui occuperont son âge mûr, par des recherches sur les antiquités de cette belle Alémannie, dont l'Alsace, Bade, une partie de la Suisse et de la Souabe sont les fragments modernes. Avant l'âge de trente ans sa réputation littéraire est déjà établie à Strasbourg, dans les villes savantes de la vallée du Rhin, en Allemagne et dans le Nord; en 1723, Francfort lui offre une chaire d'antiquités; deux ans plus tard, la veuve de Pierre-le-Grand lui destine des fonctions savantes à Saint-Pétersbourg; mais, attaché à la capitale de l'Alsace par les liens du devoir et de la reconnaissance, retenu par les nouveaux témoignages de la bienveillance du magistrat et de l'Université de Strasbourg, il refuse; sa vocation, d'ailleurs, n'était point dans les glaces du Nord; on ne s'occupe point d'antiquités, sans éprouver un attrait irrésistible vers la ville éternelle et les

richesses du sol classique au midi des Alpes ; une passion désintéres-
sée entraînait le jeune professeur d'histoire et de littérature vers les
grands centres des arts , vers les grandes bibliothèques de Londres,
de Paris , de la Belgique , de la Hollande , de l'Allemagne. Saint - Pé-
tersbourg , à cette époque , sortait à peine des marais de la Néwa ; et
Schœpflin , tournant bravement le dos à la Russie, à la Suède, qui
l'appelle à Upsal , à la Hollande , qui lui offre une chaire à Leyde ,
Schœpflin dût s'écrier : *Italiam petimus !*

A cette époque , un voyage en Italie n'était pas une affaire banale ;
les communications étaient lentes et difficiles ; le touriste n'avait point
défloré cette terre , où tous les siècles et presque tous les peuples ont
laissé la trace de leur passage , les uns parce qu'ils ont fondé , les
autres parce qu'ils ont détruit ; la science historique et critique , la
science des Beaufort , des Niebuhr , des Bunsen , n'avait pas complé-
tement soulevé le voile qui recouvre ces débris du passé. Winckel-
mann , l'adorateur enthousiaste de la beauté grecque , n'avait pas ré-
vélé au monde la filiation de l'art antique ; il n'avait pas encore , nouvel Hiérophante , conduit ses disciples aux pieds de Vénus de Médicis ;
il n'avait pas interprété la physionomie néronienne d'Apollon du Bel-
védère , ni l'ineffable douleur de Laocoon ; son imagination créatrice
n'avait pas restauré le torse d'Hercule. Toutes les fouilles n'étaient
point faites ; les ruines du Forum attiraient bien l'attention des anti-
quaires , mais elles gisaient à moitié enterrées sous les décombres
amoncelées par douze à quinze siècles de désastres. Mais aussi tout
était neuf ! le lierre balançait sans contrôle ses guirlandes au-dessus
des thermes , des arcs de triomphe , des amphitéâtres et du palais
des Césars ; les restaurateurs n'avaient point plaqué des murs de sou-
tènement contre ces témoins d'un autre âge , et le scepticisme moderne
n'avait point discuté avec une impitoyable sagacité , les noms, qu'une
pieuse tradition rattachait à ces ruines. A cette époque , un voyage à
Rome était sous bien des rapports un voyage de découverte. C'est
dans cette Rome , moins déblayée , plus fruste , si je puis m'exprimer
ainsi, que Schœpflin fit sa première entrée , il y a 125 ans. Benoit XIII ,
de la famille Orsini , occupait le trône pontifical. Il venait de l'arch-
évêché de Bénévent ; il avait relevé de ses ruines cette ville dévorée par
un incendie pendant le court espace de son règne ; à Rome, il s'essaya
aussi à des travaux de restauration. Notre jeune compatriote dût assis-
ter à plus d'une fouille ; il s'appliqua lui - même à faire une provi-

sion de vases, d'ustensiles, de statuettes, de monnaies et de médailles antiques; collection fort modeste lorsqu'on la compare aux trésors amassés depuis la découverte de Pompéï, et depuis que de nos jours de vastes nécropoles étrusques ont été rendues à la lumière avec leurs milliers de vases et d'ornements; mais si l'on veut bien réfléchir qu'un jeune homme isolé, sans trop d'argent, a réussi à former ce cabinet d'antiques, à une époque où les secours et les conseils de la science moderne lui faisaient défaut, on ne peut se défendre d'un mouvement de sympathique étonnement. Schœpflin appartient à la petite phalange des précurseurs qui ont préparé l'avénement des archéologues modernes, et si des noms bien plus illustres que le sien occupent aujourd'hui les premières places dans les annales de la science, n'oublions pas de rendre justice à leurs devanciers, surtout lorsqu'ils ont doté notre sol natal du fruit de leurs recherches et du produit de leurs travaux; car vous n'ignorez pas que les collections formées par Schœpflin ont été données par lui (acte de 1764) à la ville, en retour de la protection bienveillante que le magistrat lui avait accordée. Schœpflin remboursait avec de gros intérêts le capital prêté.

Quoique protestant, et d'origine tudesque, Schœpflin sut conquérir à Rome, de même qu'à Paris et en Angleterre, l'amitié de plus d'un savant illustre. Il fut admis dans la maison du comte de Harrach; les cardinaux Albani, Gualtieri, Polignac, lui ouvrirent leurs palais; Stosch, l'auteur d'un ouvrage estimé sur les pierres gravées, se lia d'affection avec le jeune professeur de Strasbourg, qui se recommandait d'ailleurs par sa noble physionomie et son air distingué.

C'est ainsi qu'il passa plus de six mois dans la ville éternelle; infatiguable dans ses études, et dans ses courses à travers les ruines de la cité et du *Latium*. Il vit Naples, mais alors une couche de cendres recouvrait encore Pompéï, et Schœpflin passa sur ce terrain volcanique sans soupçonner qu'à quelques années de là, par quelques coups de pioche, l'horizon de sa science d'affection s'élargirait à perte de vue. Entre Parthénope et Rome, sur le promontoire de Gaëte, il avait salué la prétendue tour de Roland, en d'autres termes, le monument funèbre de Munatius Plancus, dont il devait raviver la mémoire dans son Alsace illustrée.

Il revint par Florence, Gênes et le midi de la France. Avant d'aborder Rome, il avait vu la Lombardie, Vérone et son admirable amphithéâtre, dont le célèbre Maffei lui fit les honneurs; puis Venise, les

légations et les rives de l'Adriatique. C'était une tournée d'Italie presque complète.

Pendant son absence, Schœpflin avait été promu aux fonctions de
chanoine de Saint - Thomas ; en 1728, il prit possession de sa charge
modeste ; mais ses besoins personnels étaient très restreints, et dès
ce moment, il jeta les fondements de la belle collection de manuscrits
et d'ouvrages historiques et philologiques, qui forme encore maintenant l'une des sections les plus importantes de la bibliothèque de la
ville.

Vers la même époque, il fut aussi nommé membre honoraire de
l'Académie de Londres, et correspondant de l'Académie des inscriptions et belles-lettres de Paris. Avant son voyage d'Italie, il avait visité ces deux capitales, et il y retourna plusieurs fois dans le courant
de sa longue carrière, pour y former de nouvelles relations au milieu
des corps savants, ou pour raviver de vieilles amitiés, ou pour conquérir, à ses travaux, des protecteurs dans les régions élevées. Il fit
aussi quelques tournées à Lunéville, où résidait alors Stanislas Les-
zinski, qui aimait beaucoup le talent oratoire et l'aménité de caractère
de Schœpflin. Celui-ci avait prononcé, en 1725, devant le roi de Pologne, un discours latin, à l'occasion du mariage de Louis XV et de
Marie Leszinska ; et le père de la jeune reine, caressé dans son amour-
propre, avait comblé d'éloges l'orateur, que nous n'essaierons pas de
disculper d'un penchant vers la flatterie des puissants de ce monde.

Mais, en même temps, il continuait par des publications très graves
à préluder à sa grande œuvre historique. Le genre d'érudition, qu'il
avait su acquérir, le rendait propre à éclaircir des points douteux de
l'histoire ; les questions litigieuses de chronologie, de critique ou de
géographie lui fournissaient l'occasion de déployer à la fois et ses con-
naissances et sa sagacité. Je ne citerai que ses traités sur l'apothéose
des empereurs romains (1730), sur les auspices, sur la Bourgogne
cisjurane et transjurane (1731), sur la chute et la restauration de
l'empire d'Occident (1726). — Les faits acquis par ces dissertations ont
passé maintenant dans le domaine vulgaire ; il n'en était pas ainsi, il y
a 120 ans. Il excellait surtout à débrouiller les généalogies confuses ou
conjecturales. A ce titre, il eut un grand succès auprès de l'empereur
Charles VI, auquel il avait été présenté à Vienne, en 1738. Ce vieux
monarque était grand amateur de tout ce qui touchait de loin ou de
près à ces questions des descendances princières ; c'était à la fois pour

lui un penchant instinctif et un calcul de position. Vous n'ignorez point que, dans sa jeunesse, Charles VI avait été mêlé d'une manière très active à la guerre de la succession d'Espagne, et qu'il avait longtemps tenu en échec, dans la Péninsule, les armées de son compétiteur Philippe d'Anjou; il pressentait que sa mort pourrait donner lieu à des complications analogues sur un autre théâtre. Aussi, le père de Marie-Thérèse et le beau-père de François de Lorraine dût-il prêter une oreille attentive aux développements ingénieux de Schœpflin, qui, remontant de branche en branche sur le vieil arbre généalogique de la maison de Habsbourg et de celle de Lorraine, montrait à son auditeur impérial au sommet de l'arbre, bien au-delà de Gérard d'Alsace, et presque perdu dans la brume mystérieuse des siècles mérovingiens, le duc d'Alsace Éticho, dont le souvenir se rattache pour nous à celui d'une Sainte et d'une belle éminence des Vôges.

Aussi l'empereur fut-il enchanté de ce savoir, qui élevait les conjectures au rang des faits positifs, qui éclaircissait pour lui les ténèbres du passé, et donnait à la fois satisfaction à sa vanité personnelle, à son orgueil de souverain et aux espérances qu'il rattachait à l'union de sa fille avec François de Lorraine. Au sortir de cette mémorable audience, Schœpflin reçut de la part du dernier descendant mâle des Habsbourg le portrait impérial, enrichi de diamants. Je cite ce fait, parce qu'à cette époque les princes n'étaient pas très prodigues de témoignages de cette nature à l'endroit de savants plébéïens; et je ne pense point que Schœpflin ait été insensible à cette faveur. Passons-lui cette faiblesse; à l'avenir on flattera un peu moins les princes qui n'auront plus de diamants à donner en retour des plaidoyers qui démontreraient leurs droits.

L'origine de la plus grande puissance des temps modernes occupa aussi quelques-uns des loisirs de Schœpflin. En 1740 et 1741, pour célébrer la troisième fête séculaire de l'imprimerie, dans la ville qui avait temporairement abrité Guttenberg, il publia deux petits traités, où il revendique pour Strasbourg, et en faveur de l'immortel Mayençais, la priorité de l'invention des caractères mobiles. Il n'entre point dans mes projets d'analyser, à cette occasion, les pièces de ce procès, jugé pour nous, mais qui sera longtemps encore en suspens pour les ergoteurs intrépides.

Vers cette même époque, Schœpflin commençait à s'occuper du grand ouvrage, qui devait lui assurer un rang honorable dans le monde

savant et sauver son nom de l'oubli. En science , comme en littérature , en politique ou dans les beaux-arts , c'est une preuve de tact et
de jugement , que de mesurer exactement ses forces , et de circons-
crire le champ , que l'on compte exploiter. Schœpflin aurait pu , au
besoin , avoir une ambition plus haute que celle d'explorer les annales
d'une seule province , et de collecter , pendant de longues années ,
des manuscrits et des diplômes , dans le seul but de former un vaste
répertoire géographique et historique pour les localités grandes et
petites , pour les fleuves et les ruisseaux , les monts et les vallées , les
bourgs , les villages et les villes , pour les personnages princiers , les
nobles , les magistrats d'une seule province. Mais en sachant se bor-
ner , Schœpflin qui n'était point à la tête d'une congrégation laborieuse,
mais qui travaillait , assisté seulement de quelques jeunes gens dévoués
et amis des fortes études , (¹) Schœpflin fit quelque chose de complet ;
il ne resta point à moitié chemin ; il ne languit point à l'œuvre. Il s'é-
tait dit , en parcourant plus d'une fois les belles campagnes sises entre
les versants de la Forêt-Noire et des Vôsges , que ce serait une œuvre
méritoire , que d'établir la filiation de tous les dynastes qui avaient
passé sur cette terre , et de préciser pour chaque localité , pour chaque clocher d'église , chaque tour de château , chaque porte de ville ,
les faits historiques qui s'y rattachent depuis l'antiquité gauloise jus-
que sous le règne des Bourbons. Il voulait que chaque ecclésiastique ,
au fond de son presbytère rural , pût se rendre compte des vicissitudes
par lesquelles avait passé le district de sa paroisse , et entretenir au
besoin les anciens de son village des temps qui ne sont plus ; il voulait
épargner des recherches lentes et pénibles à tous les érudits , qui s'oc-
cuperaient après lui de l'histoire , et de la constitution des villes de
notre province ; il savait fort bien qu'au point de vue de l'art il ne
composait ni une histoire pragmatique , ni une histoire pittoresque ;
mais dans le monde intellectuel , de même que dans le monde maté-
riel les charges et les vocations sont diverses ; les uns réunissent et
disposent les matériaux que d'autres façonnent. Schœpflin fut un infatigable collecteur ; le temps calme , où il vécut , lui prescrivit de
l'être. La longue trève du xviii siècle , où l'on forgeait seulement les
armes pour les combats à venir , lui permit d'aller de bibliothèque en
bibliothèque , de visiter les archives des couvents , des abbayes , des

----

(¹) Par exemple Koch, l'auteur des Révolutions de l'Europe ; Lamey, etc. etc.

chapitres de l'Alsace et du margraviat, d'y remuer avec l'ardeur que donne le plaisir de la découverte et la chance de l'imprévu, ces vieux diplômes, sur lesquels avaient posé les mains de tant d'empereurs, de rois, d'évêques, de chevaliers et de magistrats. Vous vous rappelerez, Messieurs, qu'à cette époque la science paléographique était dans l'enfance ; Schœpflin n'était guère assisté ; il lisait, il déchiffrait, il devinait en grande partie lui-même ; mais il était dévoré du zèle du néophyte et sut concilier à son œuvre future le chancelier d'Aguesseau, (en 1746), qui lui fit décerner le titre d'historiographe du roi. En 1744, Schœpflin visita la Suisse septentrionale et occidentale, dans le but de réunir des matériaux, de conférer avec les savants de Zurich, alors l'Athènes de l'Helvétie et de visiter cette Bourgogne transjurane, à laquelle il avait voué une de ses dissertations. Il s'arrêta pensif sur les ruines d'Aventicum, illustrée par les historiens de Rome, et célébrée de nos jours par quelques strophes touchantes, que Childe Harold consacre au souvenir de la jeune prêtresse, Julia Alpinula, « fille malheureuse d'un malheureux père. » (1)

A quelques lieues de Bâle, il s'arrêta longtemps et à plusieurs reprises sur les bords du Rhin, pour déterminer avec un soin extrême l'emplacement d'une ville romaine, d'*Augusta Rauracorum* (Augst) dont les traces avaient, il y a cent ans déjà, presque disparu du sol. Cependant à l'aide de quelques pans de murs encore de bout, à l'aide des fondements et des substructions et en observant attentivement la configuration du terrain, puis à l'aide des recherches, déjà faites par les savants du XVI siècle, et avec cette sagacité que l'on acquiert par l'étude comparée des textes et des monuments antiques, Schœpflin parvint à lever le plan de cette colonie et forteresse romaine, à donner

---

(1) Son père avait été condamné à mort par Aulus Læcina, pour crime de haute trahison. — L'épitaphe de Julia Alpinula est bien connue :

Julia Alpinula — hic jaceo — infelicis patris infelix proles — deæ Aventiæ sacerdos — exorare patris necem non potui — male mori in fatis illi erat — vixi annos XXIII. — A dix-huit siècles de distance, il n'y a rien de plus émouvant que ces simples paroles. — Le poète anglais en a tiré un admirable parti :

> ... *She died on him she could not save;*
> *Their tomb was simple and without a bust*
> *And held within their urn one mind, one heart, one dust.*
> *But these are deeds which should not pass away,*
> *And names that must not wither .... etc. etc.*

une idée précise de son vaste théâtre, de son temple, de sa citadelle, de ses remparts, du pont jeté sur le Rhin, du superbe aqueduc, qui amenait des hauteurs du Jura les eaux limpides et salubres de l'Ergolz jusqu'au cœur de la cité. Quelques inscriptions et quelques textes épars lui fournirent les matériaux pour donner une seconde existence à Lucius Munatius Plancus, au fondateur de la colonie, à l'homme adroit et mobile, qui fut tour à tour l'ami de César, de Marc-Antoine, de Lépide et d'Auguste. Dans toutes ces pages qui, dans l'Alsace illustrée, sont consacrées au souvenir du chef-lieu des Rauraques, dans tous ces paragraphes pleins de faits, de descriptions précises, enfin dans son argumentation lucide et serrée, il est facile de reconnaître le savant qui a vécu parmi les ruines de Rome, et qui applique aux débris d'une ville de province, limitrophe de la Germanie, les notions laborieusement acquises au cœur de l'ancienne capitale du monde. ([1]).

Enfin, après une dixaine d'années de courses, d'études, d'extraits, de recherches de toute nature, il put, en 1751, faire paraître le premier volume de son Alsace illustrée et présenter cette œuvre de patience au roi Louis XV, qui, bien conseillé et prodigue cette fois avec intelligence, lui accorda une pension de 2000 fr., sans compter que l'Université de Strasbourg, sur laquelle rejaillissait la gloire scientifique de Schœpflin, trouvait dans la protection royale une garantie de durée et de nouvel éclat. Les voyages de Schœpflin, dans toutes les parties de l'Allemagne, de la Belgique, de l'Angleterre, l'avaient mis en rapport avec des familles puissantes ; les fils de beaucoup de nobles maisons vinrent dès-lors, de tous les points de l'Europe centrale et du Nord, faire, sous sa direction, leurs études de droit public à Strasbourg, et ils contribuèrent à donner à notre ville un renom d'hospitalité, de mouvement intellectuel et d'urbanité. Permettez - moi de rappeler que j'ai essayé de présenter le tableau d'ensemble de cette époque, très différente de celle où nous vivons, dans un travail lu en séance générale du Congrès scientifique, le 29 septembre 1842. ([2]) A moins de me faire mon propre plagiaire, je ne pourrais entrer ici

---

([1]) M. RAVENEZ, dans sa traduction de l'Alsace illustrée, donne de nouveaux détails très curieux sur l'état actuel d'*Augusta Rauracorum*. Il a visité les lieux, et donne la description de l'emplacement d'un second temple et de thermes, plus considérables que celles de Badenweiler.

([2]) «La ville et l'Université de Strasbourg, en 1770.» — Voyez tome 1er, p. 65, du Congrès scientifique de France. Dixième session.

dans de nouveaux détails ; je me hâte , pour ne point abuser de votre temps , de retracer la dernière période de l'activité littéraire de Schœpflin.

Le second tome de l'Alsace illustrée parut en 1762 ; il avait mis quinze ans à composer l'ouvrage , sans compter les études préliminaires qui, directement ou indirectement, tendaient vers le même but. Cinq ans plus tard , en 1767 , il publia dans le volume intitulé : « Alsace diplomatique , » (¹) les chartes qui avaient servi en grande partie à la composition de l'Alsace illustrée. Je dirai ici que la transcription de ces titres n'a pas toujours été faite avec une exactitude rigoureuse ; mais loin de déverser un blâme sur l'illustre antiquaire , j'ajouterai qu'il n'est pas étonnant que des erreurs de détail se soient glissées dans un travail d'aussi longue haleine. Pour qui connaît les difficultés que présente une seule charte à transcrire consciencieusement, les inexactitudes clairsemées dans un volume in-folio qui renferme au - delà de quinze cents titres de toutes les époques, à partir des derniers Mérovingiens jusqu'à la seconde moitié du XVIII siècle , paraîtront des péchés très véniels.

En 1744 déjà, Schœpflin s'était cru obligé de se démettre de sa chaire d'éloquence, pour vaquer sans relâche à ses occupations de paléographe et d'historien ; il traitait la science en maîtresse jalouse, qui n'admet point de partage.

Indépendamment de ses travaux sur l'Alsace , sa patrie d'adoption, il en avait aussi préparé sur le pays de Bade, sa patrie primitive. L'Histoire de la maison de Zæhringen parut en sept volumes in - 4°, successivement publiés de 1763 à 1766. (²) Cet ouvrage est écrit en latin comme l'Alsace illustrée, dans un style élégant et lucide ; mais, pas plus que le premier ouvrage, il ne répond à ce que les lecteurs du XIXᵉ siècle demandent à un ouvrage historique. Ce n'est point un travail d'art, mais un travail d'érudition ; ce sont les blocs à peine équarris, dont les historiens modernes se servent pour confectionner leurs œuvres élégantes ou populaires.

Je ne citerai que pour mémoire quelques - unes de ses nombreuses dissertations sur des sujets d'histoire, de géographie ou d'antiquités locales. En 1752 , il avait publié ses recherches sur les origines cel-

---

(¹) Une édition augmentée a été publiée en 1772, par Lamey, l'un des disciples les plus actifs de Schœpflin.

(²) Koch a été son collaborateur dans cette publication.

tiques (¹); en 1766, il publia des traités sur le palais impérial de Charlemagne à Ingelheim, près Mayence, et sur quelques découvertes, faites aux environs de Heidelberg, tels qu'un autel à Ladenbourg, un hypogée ou colombaire à Schriesheim. De pareils travaux étaient les délassements de l'infatigable travailleur dans le champ mortuaire du passé.

Dans l'inventaire des œuvres de Schœpflin, — inventaire dressé par M. Ring à la suite de son panégyrique en l'honneur de son ami (²), je ne trouve pas moins de 54 numéros. Un opuscule de Schœpflin est écrit en français (³); il n'a rien de saillant en fait de style, mais du moins il est pur de germanismes.

Schœpflin était aussi le collaborateur du Dictionnaire des Gaules, édité par d'Expilly, qui rend un éclatant témoignage au concours généreux qu'il a trouvé dans le savant de Strasbourg.

En novembre 1770, l'Université de Strasbourg fêta le jubilé de Schœpflin qui, cinquante ans auparavant, avait fait sa première leçon dans la chaire d'éloquence et de littérature classique. La solennité fut le digne couronnement de cette vie laborieuse. Schœpflin occupait alors une habitation, démolie depuis, presqu'au pied du Temple-neuf, et bordée d'une vaste terrasse, sur laquelle des tilleuls touffus projetaient leur ombre séculaire. Ce bouquet d'arbres, presqu'au cœur de la cité, servait quelquefois de salon aux élèves universitaires, qui avaient le bonheur d'être admis auprès de l'illustre vieillard; quelquefois on y conviait les poètes classiques, en récitant sous ce dôme de verdure, les tragédies de Sophocle ou d'Euripide. C'était le délassement de ces intelligences d'élite, dans un temps où les sociétés poli-

---

(¹) M. Ravenez a inséré, dans son beau travail, la traduction française des *Vindiciæ celticæ*, faite par M. de Chiniac, l'éditeur de Pelloutier.

(²) *Vita Joannis Danielis Schœpflini Franciæ historiographi; scripsit et cum inauguraretur societas latina quæ Carlsruhæ est prælegit Frid. Dominicus Ring, serenissimi principis marchionis Bada-durlacensis a consiliis aulæ. Carlsruhæ* 1767, *in-*12°. — Je citerai encore « l'Éloge de Schœpflin, prononcé à l'Académie des inscriptions et belles-lettres, à l'assemblée publique de Pâques, de l'année 1772, par Lancelot. » — Ce discours a été inséré en tête de l'Alsace illustrée de Schœpflin, traduite par M. Ravenez. — 1ʳᵉ livraison. Mulhouse 1840.

(³) Les armes du roi, justifiées contre l'apologie de la cour de Vienne. Strasbourg 1734. in-4° — C'est un plaidoyer en faveur des droits de Stanislas, roi de Pologne.

tiques, les casinos littéraires, et les cafés ou leurs succursales n'offraient point un asyle plus ou moins attrayant, plus ou moins dangereux aux nourrissons des muses. Dans la soirée du 24 novembre 1770, les élèves de toutes les Facultés s'étaient donné rendez-vous sur cette terrasse ; ils y arrivèrent en cortège, avec des flambeaux ; et du milieu de cette réunion, des voix harmonieuses entonnèrent des chants en l'honneur du maître vénéré, la gloire de Strasbourg, et l'un des plus anciens citoyens de la république des lettres.

Schœpflin descendit au milieu d'eux pour les remercier ; il était alors âgé de près de 76 ans ; mais sa démarche était celle d'un homme à peine sur le seuil de la vieillesse, et les boucles de cheveux blancs qui encadraient sa noble figure prêtaient un charme de plus à ces traits, sur lesquels l'âge avait passé sans y laisser les tristes rides de la décrépitude. Schœpflin était une de ces organisations fortes qui reverdissent lorsque d'autres déclinent, et qui se retrempent dans la vie intellectuelle comme dans la fontaine de Jouvence. Il fit à ces jeunes gens une allocution en latin, et leur recommanda l'amour des lettres comme la sauvegarde de leurs mœurs pendant l'âge des passions, et comme la consolation dans les jours d'amertume dont parle le psalmiste, lorsqu'il veut désigner le soir de notre existence passagère. Ce discours improvisé fut l'adieu de Schœpflin à la jeunesse académique ; le professeur vénéré ne devait plus se retrouver au milieu d'elle.

Parmi les étudiants qui avaient assisté à cette solennité, se trouvait un jeune homme, inconnu alors, mais qui allait, quatre ans plus tard, conquérir d'un seul trait, par quelques pages de roman, un nom européen, et occuper pendant un demi-siècle tous les organes de la critique littéraire par ses immortelles créations. Ce jeune homme, c'était Gœthe. Dans ses mémoires, il indique en quelques mots la scène dont je viens de retracer les contours, et il ajoute que tous ses condisciples avaient été électrisés par cette allocution de l'un des patriarches de la science archéologique. L'impulsion que Schœpflin avait donnée à ce genre d'études, dût sans doute contribuer à en inspirer le goût au jeune poète de Francfort ; et lorsque Gœthe visita quinze ans plus tard Rome et l'Italie, je suis convaincu que sa pensée se reportait avec gratitude vers le petit cabinet d'antiques, donné avec sa bibliothèque, par l'auteur de l'Alsace illustrée, à la ville de Strasbourg.

Si Schœpflin n'avait pas laissé un seul volume de sa composition,

à l'adresse du monde érudit, sa mémoire n'en serait pas moins chère
aux habitants du chef-lieu du Bas-Rhin, en raison de cette généreuse
donation. Pour ma part, je ne franchis pas une fois le seuil de la bibliothèque, je ne traverse pas une fois le vestibule, orné d'inscriptions, d'autels, de cippes et de fragments de statues gauloises et alle-
mandes, je ne prends pas une fois en main un volume de cette vaste
bibliothèque historique, fondée par lui, et tenue au courant avec un
soin et une intelligence remarquables, je ne pénètre pas une fois
dans le cabinet des antiques, sans bénir la mémoire de Schœpflin et
je suis sûr que le sentiment que j'éprouve est partagé par tous ceux
qui ont conservé, au milieu de l'agitation contemporaine, le culte des
lettres, des sciences et des arts.

Schœpflin mourut le 7 août 1771. Un sculpteur, badois d'origine
comme lui, et comme lui Strasbourgeois naturalisé, (j'ai nommé
Ohmacht) composa et exécuta en l'honneur de son compatriote un
monument modeste placé à l'ombre du monument pompeux, qui rap-
pelle aussi une gloire d'origine allemande mais toute française par ses
hauts faits guerriers. Si la dépouille mortelle du maréchal de Saxe
avait été transférée à l'église de Saint-Thomas, du vivant de Schœpflin,
cette imposante cérémonie aurait fourni des accents éloquents à l'orateur, qui, dans sa jeunesse, avait complimenté une autre illustration
à la fois étrangère et française. (¹) Dans son beau langage cicéronien,
il aurait salué le cercueil du vainqueur de Fontenoy, et déposé une
couronne de lauriers de plus sur cette tête, fatiguée de combats, de
passion et de gloire. Mais j'oublie que les oraisons funèbres n'ont
point manqué au prince de Saxe, et que Schœpflin, avant de des-
cendre dans la tombe, avait acquis assez de titres au souvenir du
monde savant; un discours académique de plus n'aurait rien ajouté à
sa renommée. Je n'exprimerai qu'un seul regret, c'est que Schœpflin
n'ait pu exécuter son « Alsace sacrée » et son « Alsace littéraire »;
les matériaux étaient sous sa main; mais il faut bien que la mort
trouve quelque chose à briser dans une belle et glorieuse existence;
son approche n'inspirerait plus de pensées salutaires, si elle ne venait frapper que des intelligences à moitié éteintes, et des corps déjà
dévolus au tombeau.

(¹) Stanislas, roi de Pologne et duc de Lorraine.

Je ne vous ai point entretenu de la vie privée de Schœpflin ; elle a été calme et simple ; il avait confié le soin de ses affaires domestiques à une sœur chérie ; et dans cette union pure et sainte, où le cœur n'apprend point à connaître l'amertume des passions, s'écoulèrent pour l'un et pour l'autre, sans orage et sans ennui, les journées d'une longue existence. Sophie‑Élisabeth Schœpflin survécut de quelques années à son frère, qui lui transmit sa modeste fortune et la protection de son nom vénéré.

Vous le voyez, Messieurs, chez Schœpflin la carrière de l'érudit absorbe l'homme presque tout entier. Gardons‑nous de jeter le blâme ou le ridicule sur ces existences monacales ; jamais ces exemples ne seront contagieux ; et si de loin en loin la science conquiert un adepte qui, pour elle, renonce aux douceurs de la vie conjugale et de la paternité, le monde n'en suivra pas moins son cours, et il aura, sous tous les régimes, des partisans et des adorateurs plus nombreux que la pâle déesse qui préside aux études sévères.

Ls. Spach,
archiviste en chef de la préfecture du Bas-Rhin.

COLMAR , Imprimerie et Lithographie de Mme Vve DECKER.